Bela
COZINHA

As receitas

Bela Cozinha

As receitas

Bela Gil

gnt

GLOBOestilo

Apresentação

Sempre gostei muito de comer, de vigiar a minha avó na cozinha, mas não colocava a mão na massa. Na adolescência, comecei a praticar ioga e percebi que a comida influenciava desde a minha saúde física e mental até a minha tomada de decisões. Então, decidi estudar o poder dos alimentos. Escolhi a nutrição e algumas filosofias alimentares que utilizam os alimentos como forma de prevenção de doenças, a exemplo da ayurveda e da macrobiótica. Ao estudar essas filosofias, me envolvi muito com a culinária. E como fui morar fora aos dezoito anos, precisei cozinhar para comer bem. Sou apaixonada pela culinária saudável e acredito que por meio dela podemos melhorar o bem-estar de nossa população. Ao valorizarmos os produtos orgânicos e frescos, e voltarmos a preparar a nossa própria comida, podemos construir um futuro saudável, justo e gostoso de viver. Neste livro, apresento algumas receitas que fazem parte do meu dia a dia. Todas são gostosas, saudáveis e nutritivas. Experimente você também.

Sumário

Dia a dia

Molhos

Sobremesas

Legenda:

- V Vegano
- VG Vegetariano
- GF Gluten-free

Medidas padrão:

- 1 xícara (chá) = 240 ml
- 1 copo americano = 200 ml

Sopas e mingau

Creme de milho-verde

Rendimento
8 porções

Tempo
50 minutos

Dificuldade
médio

V VG GF

Ingredientes

- 2 colheres (sopa) de azeite de oliva extravirgem ou ghee (ver receita na p. 116)
- 2 cebolas médias picadas
- 5 dentes de alho picados
- 2 colheres (chá) de sal marinho
- 4 espigas de milho frescas
- 1 talo de aipo
- 5 xícaras (chá) de água
- 1 colher (sopa) de suco de limão
- pimenta-do-reino
- folhas de coentro para enfeitar

Dica

O segredo do sabor desta sopa está no milho fresco, de preferência orgânico. Se preparada com milho em lata, o sabor da sopa não ficaria tão agradável.

Modo de preparo

Aqueça o azeite em uma panela grande em fogo médio. Quando estiver bem quente, adicione a cebola, o alho e o sal e refogue por 3 minutos, até ficarem macios. Retire os grãos das espigas de milho cortando-os na vertical, de cima para baixo. Acrescente à panela o aipo e os grãos de milho e mexa. Refogue por 5 minutos e, em seguida, junte a água e o suco de limão. Deixe ferver, reduza o fogo e cozinhe até o milho ficar amarelo, brilhante e doce (10-15 minutos). Quando o milho estiver cozido, retire a panela do fogo e transfira a sopa para o liquidificador. Bata até que o creme esteja completamente liso. Recoloque a sopa na panela para mantê-la aquecida, se necessário. Polvilhe com pimenta-do-reino. Enfeite com o coentro.

Acompanhamentos

- Croûtons – cubinhos de pão tostados no forno com azeite e orégano.
- Pipoca de arroz – deixe o arroz integral cozido secar ao sol. Depois, frite os grãos.
- Alho-poró frito – misture com um pouco de farinha de trigo e frite.

Adoro milho e tudo o que podemos fazer com ele, de tortilhas crocantes a sopas cremosas, (exceto o xarope de milho, que tem alto teor de frutose e está presente na maioria dos produtos industrializados – seu consumo excessivo pode provocar obesidade). Como não leva leite, essa sopa faz o sabor e a cor do milho sobressaírem. Gosto de enfatizar o sabor dos alimentos na comida, sem precisar mascará-los com algum tempero, por exemplo. Rico em carboidrato e proteína, vitaminas do complexo B (tiamina, riboflavina, niacina e B_6) e magnésio, o milho é o único cereal que contém vitamina A, que ajuda na saúde dos olhos e ativa o sistema imunológico. O milho não tem glúten e pode ser usado por quem é celíaco para fazer massas de bolo, tortas e biscoitos.

Creme de abóbora-hokkaido

Rendimento
6-8 porções

Tempo
40 minutos

Dificuldade
fácil

V VG GF

Ingredientes

- ½ abóbora-hokkaido
- água
- sal marinho
- ½ cebola
- azeite de oliva extravirgem

Modo de preparo

Lave a abóbora, corte em pedaços com casca e cozinhe na água com sal até ficar bem macia. Bata a abóbora no liquidificador com a água do cozimento (a consistência deve ficar bem cremosa) e reserve. Em outra panela, refogue a cebola picada no azeite até dourar e adicione o creme de abóbora. Deixe ferver e acrescente mais sal, se precisar.

Dica

A abóbora não precisa ser descascada, basta lavar, cortar e cozinhar. A sopa vai ficar com a cor verde por causa da casca. É uma ótima pegadinha para filhos e convidados adivinharem o sabor do que vão tomar. Sopa de abóbora verde, sim, senhor!

Superdoce e com substância, a abóbora-hokkaido é meu vegetal preferido. Em Nova York, na época do outono, quando as abóboras estavam no auge da doçura, eu comia abóbora com tahine de sobremesa. Não tinha coisa melhor! Sentia-me nutrida e contente e não ficava enjoada ou com culpa, sensações causadas pelo açúcar e chocolate. Oriunda do Japão, a abóbora-hokkaido, também conhecida como cabochã ou abóbora japonesa, proporciona bons níveis de vitaminas A e C, potássio e magnésio, além de ser excelente fonte de carotenoides, principalmente o betacaroteno, poderoso antioxidante e precursor da vitamina A. Os antioxidantes são muito importantes para a manutenção da saúde porque previnem os danos causados pelos radicais livres. Os maiores culpados pelo envelhecimento do nosso corpo são os radicais livres, que geram estragos no interior das células. E uma maneira deliciosa de envelhecer bem é tomar esta sopa de abóbora. É, ainda, um excelente alimento para diabéticos, pois ajuda a regular os níveis de açúcar no sangue.

Creme de couve-flor com alho-poró

Rendimento
4-6 porções

Tempo
30 minutos

Dificuldade
fácil

V VG GF

Ingredientes

- 1 couve-flor
- água
- sal marinho
- 1 alho-poró
- 4 colheres (sopa) de azeite de oliva extravirgem
- pimenta-do-reino

Modo de preparo

Lave e corte a couve-flor em pedaços médios e cozinhe em água e sal (não é necessário cobrir os buquês com a água). Bata a couve-flor cozida no liquidificador com a água do cozimento e reserve. Em outra panela, refogue o alho-poró no azeite e adicione o creme de couve-flor. Deixe ferver e tempere com sal e pimenta-do-reino, se precisar. Na hora de servir, coloque por cima um pouco de couve refogada (ver receita na p. 48).

Dica

Consuma esses vegetais levemente cozidos, para preservar bem os nutrientes, diminuir a formação de gases e os efeitos goitrogênicos (que inibem a absorção de iodo pela tireoide, dificultando o seu funcionamento).

Couve-flor, repolho, brócolis, couve, rúcula, couve-de-bruxelas, acelga, nabo, rabanete, agrião e folha de mostarda, entre outros, fazem parte da grande família de vegetais brássicos ou crucíferos. Seus fitonutrientes inibem a formação de células cancerígenas e agem, principalmente, contra o câncer de cólon, estômago e pulmão. Suas folhas, em especial aquelas verdes bem escuras, contêm mais fitoquímicos que as outras partes da planta. É sempre bom, então, consumir couve, rúcula, agrião e até mesmo as folhas de brócolis em vez de folhas mais claras. A couve-flor e o alho-poró são ricos em vitaminas C e K. A vitamina K é importante para a boa coagulação sanguínea, ajudando a prevenir hemorragias, e atenuando como auxiliar na cicatrização.

Canja de galinha caipira

Ingredientes

- ¼ de frango (com a pele, se for caipira; sem a pele, se não for)
- sal marinho
- 2 dentes de alho
- suco de 1 limão
- ¼ de cebola picada grosseiramente
- 2 litros de água
- 3 cenouras cortadas em rodelas
- 2 talos de aipo cortados na diagonal
- ¼ de copo de arroz integral
- 2 colheres (sopa) de salsa picada

Rendimento
6 porções

Tempo
1h40min

Dificuldade
fácil

GF

Dica

O uso do vinagre é essencial quando se quer fazer caldos, sopas e canjas. Uma colherzinha de vinagre de maçã não filtrado ajuda a extrair os valiosos minerais dos ossos da galinha, tornando a sopa mais nutritiva.

Modo de preparo

Tempere o frango com sal, o alho, o suco do limão e a cebola. Coloque na panela, adicione a água, a cenoura, o aipo e um pouco mais de sal. Tampe e leve ao fogo. Quando ferver, reduza a chama. Se o frango for caipira, cozinhe por 1 hora. Acrescente o arroz e deixe cozinhar por mais 30 minutos (se o frango não for caipira, o tempo total de cozimento é de 40 minutos, e o arroz deve ser adicionado junto com o frango e a água). Retire do fogo e deixe descansar para apurar o sabor antes de servir. Se preferir, desfie o frango e recoloque na panela, ou sirva os pedaços inteiros. Antes de servir, acrescente a salsa.

"...Canja de galinha / Não faz mal a ninguém..." (da música "Engenho de dentro", de Jorge Ben Jor).

Numa noite fria ou num dia em que estamos nos sentindo mais desanimados, ou até mesmo resfriados, a canja de galinha cai muito bem. Estudos já demonstraram que a canja pode amenizar os sintomas de gripes e resfriados porque atua como anti-inflamatório e acelera a fluidificação do muco, aliviando a congestão nasal. A canja contém um aminoácido chamado cisteína, que ajuda a afinar e a expelir o muco mais rapidamente. Minha mãe dizia que, quando era pequena, minha avó recolhia a gordura que se formava na superfície da canja para passar no peito dela e aliviar, assim, o mal-estar provocado pela gripe. A propósito, foi minha avó quem me ensinou essa canja.

Sopa de batata-doce com creme de coco

Rendimento
6 porções

Tempo
1h40min

Dificuldade
fácil

V VG GF

Ingredientes

- 4 batatas-doces pequenas
- 5 cenouras
- 1 colher (sopa) de azeite de oliva extravirgem
- ½ cebola picada
- 3 colheres (chá) de gengibre picado
- 1 colher (chá) de sal marinho
- 5-10 cravos-da-índia
- 1 colher (café) de canela em pó
- água para o cozimento
- 1 copo de coco ralado seco
- 1 copo de água de coco

Modo de preparo

Descasque e corte as batatas-doces em pedaços médios. Lave e corte as cenouras em pedaços médios. Aqueça o azeite em uma panela, adicione a cebola e o gengibre e refogue por alguns minutos, até dourar. Acrescente os legumes picados, o sal, os cravos-da-índia e a canela e cubra com água. Deixe ferver e cozinhe em fogo baixo por 20 minutos com a panela tampada. Bata tudo no liquidificador com a água do cozimento (você pode ou não precisar de toda a água, dependendo da consistência que quiser dar à sopa). Recoloque o creme na panela e leve ao fogo para aquecer. Enquanto isso, bata o coco com a água de coco no liquidificador até formar um creme. Sirva a sopa em tigelas individuais, colocando por cima uma colherada do creme de coco.

Esta receita está mais para "manjar dos deuses" do que para sopa propriamente dita. A primeira vez que a tomei foi na casa da minha amiga Lu Curtis, em Nova York. Era inverno e a sopa cremosa, quentinha e com o toque picante do gengibre, caiu como uma luva no estômago. Foi amor à primeira colherada! Me apaixonei e resolvi reproduzi-la com algumas trocas de ingredientes. Uso batata-doce porque ajuda a estabilizar os níveis de açúcar no sangue e, junto com o gengibre, tonifica o sistema digestivo. A cenoura dá cor e fornece antioxidantes que ajudam a combater os radicais livres e, portanto, o envelhecimento celular. Finalizo com um creme de coco, que deixa qualquer comida mais rica. Os diabéticos podem comer esse "manjar" sem preocupação.

Mingau de aveia com leite de amêndoa

Rendimento
4 porções grandes

Tempo
15 minutos

Dificuldade
fácil

V VG GF*

* para ficar GF, utilize aveia sem glúten

Ingredientes

- 1 copo de aveia em flocos
- 1 pitada de cravo em pó
- 2 paus de canela
- 1 copo de água
- 3 copos de leite de amêndoa (ver receita na p. 108)
- sal
- ⅓ de copo de castanha-de-caju picada
- ½ copo de coco ralado
- para enfeitar: gojiberry, canela, castanha--de-caju torrada e picada, melado de cana (opcional)

Modo de preparo

Coloque a aveia, o cravo e a canela em uma panela em fogo alto. Adicione a água e o leite de amêndoa. Deixe ferver. Tempere com sal a gosto, reduza o fogo e cozinhe por 15 minutos. Mexa com frequência para evitar que a aveia grude no fundo da panela. Quando o mingau estiver pronto, acrescente a castanha-de-caju e o coco. Mexa bem e sirva com gojiberry, canela e castanha-de-caju torrada. Se quiser, coloque uma colherada de melado de cana.

A aveia é um grão consumido sempre na forma integral, com fibras, vitaminas e minerais importantes à saúde. A aveia melhora a resistência ao estresse, ameniza a ansiedade e acalma a mente. Pode ser uma escolha saudável para quem tem colesterol elevado, devido ao alto teor de fibras solúveis que contém. A fibra solúvel auxilia na redução dos níveis de lipoproteína de baixa densidade, conhecida como colesterol ruim, o LDL. O mingau de aveia, rico em carboidratos, proteínas e gorduras boas, é um excelente alimento para o café da manhã do dia a dia.

Legumes e folhas verdes

Tempurá de legumes

Rendimento
20 unidades

Tempo
15 minutos

Dificuldade
fácil

V VG

Ingredientes

Massa

- 1 copo de farinha de trigo
- 1 pitada de sal
- 1 copo de água bem gelada

Vegetais

- couve-flor
- nirá
- agrião
- óleo para fritar

Dica

Frite no óleo de soja, de milho, de girassol, de coco, de dendê ou no ghee. Nesta receita, Bela Gil usa óleo de milho.

Modo de preparo

Misture a farinha, o sal e a água gelada (ela deixa a massa mais crocante). A massa não deve ficar grossa nem muito rala, precisa grudar na colher para aderir aos vegetais. Aqueça bastante óleo em uma panela funda. Quando o óleo estiver quente o suficiente para fritar, passe os vegetais, um a um, na massa, retire o excesso e frite rapidamente no óleo quente. Escorra o excesso de óleo numa peneira e, em seguida, coloque os legumes sobre folhas de papel-toalha. Sirva com o molho de shoyu com nabo (ver receita na p. 134).

Tempurá é um prato típico japonês feito com vegetais ou camarão empanados e fritos. O tempurá é um jeito gostoso de comer vegetais. Muita gente tem medo de fritura! Por quê? Engorda? Não, se for preparada de modo certo e consumida em quantidade moderada.
O segredo do tempurá, para ficar crocante e sequinho, é fritar em óleo bem quente (mas não queimando). E o molho de shoyu com nabo, que acompanha o prato ajuda na digestão da gordura. O nabo é uma excelente fonte de fibras, vitamina C, fósforo e potássio. Por ter ação diurética e expectorante, diminui a sensação de calor e combate a febre.

Mix de bardana com cenoura

Rendimento
4 porções

Tempo
15 minutos

Dificuldade
média

V VG GF*

* para ficar GF, utilize shoyu sem trigo

Ingredientes

- 1 cenoura
- 1 raiz de bardana média
- 2 colheres (chá) de óleo de gergelim cru
- 1 pitada de sal marinho
- 1 colher (sopa) de shoyu
- 3-4 colheres (sopa) de saquê

Modo de preparo

Lave bem a cenoura e a bardana (não retire a casca). Corte a cenoura em tiras muito finas (à juliana). Em seguida, corte a bardana também à juliana e imediatamente mergulhe-as em água fria com suco de limão para evitar que escureça. Aqueça o óleo em uma panela grande, adicione a bardana e refogue em fogo médio por alguns minutos. Acrescente um pouco de água, tampe e cozinhe em fogo médio-baixo por 10 minutos, ou até a bardana amolecer. Junte a cenoura e o sal. Refogue por alguns instantes, tampe e deixe cozinhar. Mexa com frequência para evitar que os vegetais grudem no fundo da panela. Quando todo o líquido tiver sido absorvido, adicione o shoyu e o saquê. Mexa bem e sirva ainda quente.

Dica

Não é preciso descascar nem a bardana nem a cenoura. Basta lavá-las bem.

A bardana, também conhecida como gobô, é uma raiz que pode chegar a 1 metro de comprimento. Assim como o inhame, ajuda a desintoxicar o sangue e o sistema linfático. Gosto de chamá-los de aspiradores de impurezas do sangue. A bardana tem gosto forte de terra, mas, ao ser cozida, fica macia, doce e muito saborosa.

Frittata de inhame

Rendimento
8 porções

Tempo
15 minutos

Dificuldade
média

VG GF

Ingredientes

- 4 inhames
- 10 ovos
- sal marinho
- azeite de oliva extravirgem
- 1 ramo de manjericão
- pimenta-do-reino

Modo de preparo

Descasque os inhames e corte-os em rodelas finas. Bata os ovos em uma tigela (com um garfo ou batedor manual) e tempere com 2-3 pitadas médias de sal marinho. Coloque azeite em uma frigideira alta (o suficiente para cobrir o fundo) e aqueça. Acrescente os ovos batidos e, em seguida, as rodelas de inhame. Tampe e mantenha em fogo baixo. Quando estiver cozida de um lado, vire a frittata com a ajuda de um prato. Tampe novamente e finalize o cozimento. Espalhe por cima manjericão picado e pimenta-do-reino.

A tortilha ou frittata de inhame é uma deliciosa opção para qualquer refeição do dia, até mesmo para o café da manhã. A *tortilha* é uma especialidade gastronômica da Espanha, feita com batata frita e ovos. Neste prato, substituí a batata por inhame. Nutricionalmente superior à batata, o inhame é rico em vitaminas do complexo B. Seu consumo frequente ajuda a repelir o mosquito da dengue e a depurar o sangue. O segredo é cortar o inhame bem fininho para que cozinhe por dentro e, assim, dê leveza ao prato. O ovo, rico em vitaminas, minerais e proteína de alta qualidade, gera controvérsias por conter altos teores de colesterol. A gordura, porém, é uma substância necessária para a produção de hormônios. Os nutrientes encontrados no ovo são distribuídos de forma bastante equilibrada entre a gema e a clara, e essa é uma das razões pelas quais recomendo o consumo de ovos inteiros.

Salada verde cremosa com molho de abacate

Rendimento
8 porções

Tempo
10 minutos

Dificuldade
fácil

V VG GF

Ingredientes

- 2 pés de alface
- 1 avocado hass (variedade de abacate) ou ½ abacate
- 4 colheres (sopa) de azeite de oliva extravirgem
- 2 colheres (sobremesa) de mostarda de Dijon
- suco de 1 limão
- 1 dente de alho
- 1 colher (chá) de sal marinho
- ½ copo de nozes picadas ou amêndoas torradas, para servir

Modo de preparo

Lave as folhas de alface, corte em tiras largas e coloque em uma tigela grande. Bata o avocado e o azeite no processador de alimentos até ficar homogêneo. Adicione os ingredientes restantes (menos as nozes) e processe novamente. Misture o molho com a alface. Em uma frigideira, toste as nozes picadas por 3 minutos em fogo baixo ou até escurecerem um pouco. Sirva as nozes por cima da salada.

Esta salada lembra a tradicional Caesar salad, embora não contenha nenhum tipo de proteína animal. A Caesar leva ovos, queijo e frango (ou anchova), três a quatro tipos de proteína animal que deixavam os veganos sem opção. Então, decidi fazer uma Caesar que agrade a todos os paladares. Pensei que seria um grande desafio, mas o abacate trouxe cor e consistência perfeitas, e muitos nutrientes também, para fazer desta receita um sucesso. Além de muito sabor, o abacate é rico em vitaminas do complexo B, principalmente o ácido fólico, que ajuda a prevenir doenças do coração, AVC e malformação do feto (atenção, grávidas!). Contém, ainda, vitaminas A, K, E e C, e bastante fibra. Muita gente se assusta com o alto teor de gordura e acaba não consumindo essa fruta tão nutritiva. Mas as gorduras do abacate são saudáveis e, se ingeridas com moderação, só trazem benefícios.

Hambúrguer de feijão-preto

Rendimento
6-8 unidades

Tempo
2 horas de molho + 1 hora de preparo

Dificuldade
média

V VG GF

Ingredientes

- 1 copo de feijão-preto (deixado de molho por 2 horas)
- 1 copo de arroz integral cateto (deixado de molho por 2 horas)
- ½ cebola roxa
- 4 dentes de alho picados
- 2 colheres (chá) de páprica defumada
- sal marinho
- 1 copo de semente de girassol tostada
- 1 colher (chá) de azeite de oliva extravirgem
- ½ xícara (chá) de coentro picado
- pimenta-do-reino

Modo de preparo

Coloque o feijão para cozinhar na panela de pressão por 30 minutos. Enquanto o feijão cozinha, coloque o arroz para cozinhar em 2 copos de água na panela comum por 45 minutos. Se tiver sobra de arroz na geladeira, pode usar. Quando o arroz e o feijão estiverem cozidos, deixe esfriar e reserve. Coloque a cebola no processador de alimentos e pulse até ficar picadinha. Retire do processador e passe para uma tigela. Bata o alho, a páprica, o sal marinho a gosto, as sementes de girassol e o azeite no processador, até a textura se assemelhar à farinha de rosca. Adicione o coentro e pulse até ficar bem incorporado. Transfira essa mistura para a tigela da cebola e tempere com pimenta-do-reino. Coloque o feijão-preto e um pouco de água no processador de alimentos e processe até ficar homogêneo. Adicione o feijão processado e o arroz à tigela dos temperos. Misture (de preferência com as mãos) e prove – você pode querer adicionar mais sal, especiarias ou ervas. Pegue um pouco da massa e modele em formato de hambúrguer. Certifique-se de que os hambúrgueres não fiquem muito finos, porque podem se quebrar. Unte uma assadeira com azeite, arrume os hambúrgueres e leve ao forno por 30 minutos à temperatura de 200°C. Como alternativa, você pode fazê-los na frigideira ou na grelha.

Arroz e feijão são a base da alimentação do brasileiro. Mas, infelizmente, esses ingredientes vêm perdendo espaço no prato do dia a dia por causa do aumento do consumo de alimentos industrializados. Já é possível perceber o efeito dessa mudança no aumento do número de pessoas obesas, diabéticas e com problemas cardíacos. Para não enjoar do arroz e feijão diário, dou esta receita de hambúrguer de feijão-preto. O arroz e feijão se completam, pois são alimentos com diferentes perfis proteicos que, quando consumidos em conjunto, formam proteínas completas (com todos os aminoácidos essenciais ao organismo). Algumas combinações de proteínas vegetais substituem a proteína da carne. É o caso do arroz e feijão do brasileiro, do feijão com milho dos mexicanos, do trigo com grão-de-bico dos árabes e do arroz com lentilha dos indianos.

Couve refogada

Rendimento
4 porções

Tempo
10 minutos

Dificuldade
fácil

V VG GF

Ingredientes

- azeite de oliva extravirgem
- 4 dentes de alho picados
- 1 maço de couve-manteiga picado fino
- sal marinho

Modo de preparo

Aqueça o azeite em uma panela. Frite o alho até ficar bem dourado. Acrescente a couve e o sal. Mexa sempre em fogo alto até a couve murchar. Retire rapidamente da panela.

O brasileiro não é muito chegado a folhas verdes. Mas a couve refogada salva muita gente de uma dieta unicolor, levando mais vida ao prato e ao indivíduo. São muitos os benefícios da couve, e o maior deles é diminuir os níveis de colesterol no sangue, porque se junta aos ácidos da bile na digestão e os expele do organismo. Estudos demonstram que a couve refogada é mais eficiente nessa ação do que a crua. Rica em antioxidantes, auxilia na prevenção do câncer e na desintoxicação do organismo.

Falafel

Rendimento
12 unidades

Tempo
8 horas de molho +
5 minutos de preparo

Dificuldade
média

V VG GF*

* para ficar GF, não utilize farinha de trigo

Ingredientes

- 1 copo de grão-de-bico
- 1-2 colheres (chá) de sal
- 2 dentes de alho picados
- ½ cebola média picada
- 1 colher (sopa) de cominho
- 1 copo de salsa fresca picada
- ½ colher (chá) de pimenta-do-reino
- 1 colher (sopa) de suco de limão
- 4 colheres (sopa) de azeite de oliva extravirgem
- 2 colheres (sopa) de farinha de trigo
- óleo para fritar

Modo de preparo

Deixe o grão-de-bico de molho durante a noite (cerca de 8 horas) em temperatura ambiente. Escorra a água. Bata o grão-de-bico com sal no processador de alimentos para pegar sabor e depois acrescente os demais ingredientes. A farinha é usada para o bolinho não desmanchar depois de frito (para fazer bolinhos assados não é necessário usar farinha). Modele os bolinhos e frite em óleo quente. Sirva com molho de tahine com hortelã (ver receita na p. 130).

Gosto de chamar o falafel de acarajé árabe, porque eles são semelhantes – bolinhos feitos de grãos e, depois, fritos. No caso do acarajé, o bolinho é de feijão-fradinho e cebola, frito no azeite de dendê. Já o falafel é feito com grão-de-bico, especiarias e salsa, frito no óleo de milho, girassol, soja ou qualquer outro que não interfira no sabor da massa. A salsa é essencial nesse prato, por ser nutritiva e proporcionar uma bela cor. O grão-de-bico é rico em proteína e fibras, além de ser uma das melhores fontes de ácido fólico (vitamina B_9), que ajuda na gestação saudável. Também contém manganês, um mineral importante para a boa formação dos ossos e para a pele, porque auxilia na produção de colágeno.

Quibe vegetariano

Rendimento
20 unidades

Tempo
15 minutos

Dificuldade
fácil

V VG

Ingredientes

- 250 g de trigo para quibe
- 1 copo de bagaço de amêndoa (as sobras da receita de leite de amêndoa; ver na p. 108)
- 2 cenouras raladas fino
- 1 cebola média cortada em cubinhos
- 1 copo de hortelã picada
- sal marinho
- 4 colheres (sopa) de shoyu
- azeite de oliva extravirgem a gosto
- suco de 1 limão
- pimenta-do-reino

Modo de preparo

Coloque o trigo de molho em um recipiente com bastante água por aproximadamente 1 hora. Esprema o trigo com as mãos até retirar toda a água. Acrescente o bagaço de amêndoa. Coloque a cenoura, a cebola e a hortelã e tempere com sal, o shoyu, azeite, o suco de limão e pimenta-do--reino. Misture bem, modele bolinhos em formato de quibe e coloque em um tabuleiro untado com azeite. Asse em forno a 220°C por aproximadamente 30 minutos.

O quibe é um dos meus salgadinhos prediletos, junto com o bolinho de arroz. Como a maioria dos salgadinhos é feita com ingredientes refinados (arroz e farinha brancos), esta receita é um ótimo jeito de incrementar a dieta com grãos integrais. E quem disse que precisa de carne para ficar gostoso? Este quibe é feito com o bagaço de amêndoa para dar liga. Lá em casa faço leite de amêndoa uma vez por semana para minha filha e meu marido, que gostam de tomar esse tipo de leite no café da manhã. Então, toda semana inventamos alguma receita para aproveitar o bagaço, que serve para massa de tortas, biscoitos, pão, granola e o que mais você quiser. Quem não come quibe por causa do trigo, que contém glúten, pode fazer esta receita com quinoa ou painço: basta cozinhar com mais água e por mais tempo, para que fiquem molinhos e bem grudados, e usar shoyu sem trigo. O segredo do quibe está na hortelã. É uma ervinha gostosa que dá frescor a qualquer prato.

Barquinho de alface com carne moída

Rendimento
5 porções

Tempo
15 minutos

Dificuldade
fácil

GF*

* para ficar GF, utilize shoyu sem trigo

Ingredientes

- 2 dentes de alho picados
- 1 cebola picada
- 1 colher (sopa) de gengibre picado
- 1 colher (sopa) de óleo de gergelim
- 250 g de carne moída orgânica
- 2 cenouras raladas
- 10 vagens cortadas na diagonal
- 2 colheres (sopa) de shoyu
- ¼ de copo de semente de abóbora
- ½ pé de alface-americana ou lisa

Modo de preparo

Refogue o alho, a cebola e o gengibre no óleo de gergelim até ficarem macios e aromáticos (30 segundos). Adicione a carne e refogue até pegar cor. Junte a cenoura e a vagem, mexa bem e acrescente o shoyu. Refogue por 5 minutos em fogo médio com a panela tampada. Quando a carne e os legumes estiverem cozidos, adicione a semente de abóbora, misture e reserve.

Como montar

Lave bem a alface, folha por folha. Seque com a ajuda de um pano, com cuidado para não quebrar as folhas. Coloque 2 colheres de carne moída em cada "barquinho de alface". Sirva com molho de shoyu com nabo (ver receita na p. 134).

Fui vegetariana por alguns anos, mas quando comecei a amamentar minha filha, senti necessidade de consumir proteína animal e não quis negligenciar o pedido natural do meu corpo. Hoje, consumo carne com pouca frequência. Acredito que todo tipo de comida feita em harmonia com a natureza tem seu valor e lugar na dieta. Critério, respeito e consciência são a chave para uma boa alimentação. O excesso de carne aumenta os riscos de doenças cardiovasculares, alguns tipos de câncer e até mesmo o diabetes tipo 2. Consumir carne em pequena quantidade e acompanhada de vegetais é a melhor escolha. Ela pode ser usada em sopas e caldos, maneiras deliciosas e saudáveis de consumir esse alimento rico em proteínas e vitaminas. Este barquinho de alface é uma ótima opção de entrada ou acompanhamento de um prato de vegetais ou grãos.

Salada de quinoa com ervilha

Rendimento
4-6 porções

Tempo
20 minutos

Dificuldade
fácil

V VG GF

Ingredientes

- 1 copo de quinoa branca
- ¾-1 xícara de água
- sal
- 1 copo de folhas de rúcula
- ½ copo de salsa e/ou coentro picado
- ¼ de cebola picada
- azeite de oliva extravirgem
- suco de 1 limão
- ½ copo de ervilha escaldada

Modo de preparo

Cozinhe a quinoa na água com 1 pitada de sal por 18 minutos. Escorra e reserve. Numa tigela, junte a rúcula com a salsa ou o coentro, a cebola, sal e azeite a gosto e o suco de limão e mexa bem. Adicione a quinoa e a ervilha e misture. Ajuste o tempero.

A quinoa é um alimento que vem chamando a atenção de nutricionistas e *chefs* tanto pela versatilidade na cozinha quanto pelo valor nutricional. É considerada um pseudogrão: biologicamente é uma semente, mas é usada como grão na culinária. Rica em aminoácidos essenciais, é fonte de proteína completa, como a soja – 16% do grão são constituídos de proteína, valor superior ao de outros cereais. A quinoa tem um perfil proteico similar ao do leite, porém com mais cálcio. É rica em lisina, um aminoácido escasso no reino vegetal, e em ferro, fósforo e vitaminas dos complexos B e E.

Batatas "fritas"

Rendimento
8-10 porções

Tempo
50 minutos

Dificuldade
fácil

V VG GF

Ingredientes

- ½ kg de batata-baroa
- ½ kg de batata-doce
- azeite de oliva extravirgem
- ½ copo de flocos de milho pré-cozidos
- 1 colher (chá) de sal

Modo de preparo

Preaqueça o forno a 220ºC e unte dois tabuleiros com azeite. Lave as batatas e corte em palitos, sem descascar. Coloque numa bacia e misture com o azeite e depois com os flocos de milho, até que todas as batatas estejam cobertas. Distribua a batata nos tabuleiros em uma só camada. Salpique com o sal. Leve ao forno e asse por 40 minutos. Sirva com molho de coentro cremoso (ver receita na p. 128).

Batata frita, quem não gosta? Mas consumi-la com frequência não dá, não é mesmo? Então, que tal variar a batata e sua forma de preparo? Nesta receita, uso batata-baroa, rica em betacaroteno, poderoso antioxidante, e batata-doce, fonte de vitaminas A e C. Diferentemente das outras batatas, a batata-doce ajuda a estabilizar os níveis de açúcar no sangue ao melhorar a resposta à insulina. É considerada um dos alimentos com maior teor de nutrientes e, como o inhame, auxilia na purificação do sangue. Viva a batata-doce!

Agrião com molho de tahine e missô

Rendimento
4 porções

Tempo
10 minutos

Dificuldade
fácil

V VG GF

Ingredientes

- 3 colheres (sopa) de tahine (pasta de gergelim)
- 1 colher (sopa) de missô (pasta de soja fermentada)
- 1 dente de alho pequeno
- ½ copo de água
- 1 colher (sopa) de óleo de gergelim cru
- 1 maço de agrião

Modo de preparo

Coloque o tahine, o missô, o alho e a água no liquidificador e bata até ficar bem cremoso. Numa frigideira, aqueça o óleo de gergelim e adicione o agrião. Refogue em fogo alto até murchar, mas sem perder a cor. Apague o fogo e regue com o molho de tahine e missô.

Dica

Adicione o missô sempre no final do cozimento do prato, para que as enzimas nele contidas possam beneficiar o organismo e ajudar na digestão.

Missô é uma pasta de soja fermentada bem salgada, de sabor forte e característico. Alimento muito usado na culinária japonesa, chinesa e vietnamita, está presente em caldos, sopas, molhos e marinados. A soja é riquíssima em fitoquímicos e antioxidantes, que aumentam de potência durante o processo de fermentação e fabricação do missô. A pasta é uma boa fonte de cobre, mineral necessário para a fabricação de colágeno, proteína importante para manter a estrutura dos tecidos corporais. Também é essencial à produção de energia e à saúde do sangue, já que incorpora o ferro aos glóbulos vermelhos, prevenindo a anemia.

Homus de feijão-fradinho

Rendimento
6-8 porções

Tempo
2 horas de molho +
30 minutos de preparo

Dificuldade
média

V VG GF

Ingredientes

- 1 xícara (chá) de feijão-fradinho
- 3 copos de água
- sal marinho
- ¾-1 xícara (chá) de tahine
- suco de 1 limão
- 3 colheres (sopa) de azeite de oliva extravirgem
- 1 dente de alho pequeno
- 1 colher (chá) de cominho
- salsa picada e páprica doce para enfeitar
- 1 cenoura
- 1 talo de aipo
- 1 nabo

Modo de preparo

Deixe o feijão-fradinho de molho por 2 horas. Lave bem o feijão e coloque na panela de pressão. Cubra com a água, adicione sal a gosto e cozinhe em fogo baixo por 25 minutos depois que a panela pegar pressão. Se você não tiver panela de pressão, cozinhe em fogo baixo por 1 hora. Quando terminar, escorra o feijão e reserve a água do cozimento. Coloque os grãos em um processador de alimentos e triture bem. Adicione o tahine, o suco de limão, o azeite, o alho, o cominho e sal para temperar. Continue a bater até obter a textura desejada. Se o homus ficar muito grosso, acrescente um pouco da água do cozimento do feijão. Enfeite com azeite, salsa picada e páprica. Sirva com fatias de cenoura, aipo e nabo, acompanhado de pão árabe.

Dica

Se você deixar o feijão de molho por pouco tempo (2 horas), verá que ele produz menos gases. Faça a experiência.

Com alto valor proteico e nutritivo, o feijão-fradinho é muito rico em ferro, cálcio e ácido fólico (folato). O folato é um nutriente importante durante a gravidez porque ajuda a evitar a malformação do feto. O cálcio e o ferro auxiliam na prevenção da anemia e no fortalecimento dos ossos, tanto em bebês quanto nas mamães. O homus de feijão-fradinho fica tão delicioso quanto o homus feito com grão-de-bico.

Petiscos

Bolinho de bacalhau com massa de inhame

Rendimento
15 unidades

Tempo
2 dias de molho – 1h30min de preparo

Dificuldade
média

GF

Ingredientes

Massa

- 350 g de inhame

Recheio

- 70 g de cebola picada
- azeite de oliva extravirgem
- 250 g de bacalhau seco (deixado de molho por 48 horas)
- 60 g de cenoura ralada
- pimenta-do-reino
- orégano
- 4 ramos de salsa picados
- sal marinho
- óleo para fritar

Modo de preparo

Massa

Descasque o inhame, corte em pedaços pequenos e coloque numa bacia com água e sal para não escurecer. Cozinhe em panela sem tampa com água suficiente para cobrir todo o inhame, até que esteja macio, mas ainda firme. Escorra a água e leve de volta ao fogo baixo para secar bem. Deixe esfriar um pouco e, ainda quente, amasse com um garfo ou passe pelo espremedor de batata. Reserve.

Recheio

Refogue a cebola no azeite até ficar bem transparente. Cozinhe o bacalhau até ficar macio. Desfie. Acrescente a cebola refogada com a cenoura, pimenta-do-reino, orégano, a salsa e sal a gosto. Junte a massa de inhame ao bacalhau temperado e faça os bolinhos. Frite em óleo quente ou leve ao forno aquecido a 200°C por 30 minutos.

Adoro bolinho de bacalhau feito em casa, porque podemos escolher bem os ingredientes que vamos usar. No caso deste bolinho, fiz algumas mudanças que aumentam as propriedades nutricionais. Troquei a batata-inglesa pelo inhame, que contém mais vitaminas e minerais, além de ajudar a eliminar as toxinas do sangue. Em vez de fritos, os bolinhos são assados, e não apresentam diferenças nem no sabor nem na textura. O bacalhau, um peixe de água gelada, é ótima fonte de ômega-3, gordura essencial à saúde do cérebro e do coração, e com propriedades anti-inflamatórias.

Coxinha de legumes com massa de cará

Rendimento
30 unidades

Tempo
50 minutos

Dificuldade
médio

V VG GF*

* para ficar GF, utilize shoyu sem trigo

Ingredientes

Massa

- 1 copo de farinha de arroz
- ½ copo de água
- 1 kg de cará
- suco de limão
- 3 colheres (chá) de sal

Recheio

- 500 g de cebola
- 190 g de cenoura
- 120 g de vagem
- 2 colheres (sopa) de shoyu
- 20 azeitonas pretas sem caroço picadas

Dica

Para fritar, use óleo de milho ou de girassol.

Modo de preparo

Massa

Coloque a farinha de arroz e a água numa panela. Mexa bem, tampe, cozinhe em fogo baixo por 15 minutos e reserve. Corte o cará em fatias de 2 cm e mergulhe em água com suco de limão. Descasque as fatias e coloque numa panela cheia de água. Cozinhe ligeiramente. Escorra a água e leve a panela de volta ao fogo para o cará secar. Passe o cará pelo espremedor de batata ou amasse bem com um garfo. Tempere com o sal. Misture com as mãos o cará com a pasta grossa de arroz e amasse bem. Se preferir, bata no processador.

Recheio

Corte a cebola em cubos e refogue até perder a acidez. Acrescente a cenoura cortada em cubos e a vagem picada em rodelas pequenas. Cozinhe os legumes em panela tampada em fogo baixo e tempere com o shoyu. Tire do fogo e junte a azeitona picada.

Como montar

Faça bolinhas com a massa do tamanho que preferir. Abra a bolinha ao meio e coloque o recheio. Feche e molde no formato de uma gota. Verifique se a gota está bem fechada. Frite em bastante óleo.

Esta receita é de Bernadette Kikuchi, mulher do professor Tomio Kikuchi, grande responsável pela disseminação da filosofia macrobiótica no Brasil. Dei uma mexidinha na receita, trocando o arroz integral pela farinha, algo que deu certo e deixou a receita ainda mais prática. Esta gotinha faz as vezes da coxinha de frango, que tradicionalmente leva farinha branca, leite e margarina, e ainda propõe uma coxinha sem glúten e sem frango. Você pode brincar com o recheio, com vegetais, bacalhau, tofu ou outro ingrediente que quiser. E, se preferir, pode assar as gotinhas em vez de fritá-las. Como a massa é seca, pode rachar no forno; então, sugiro colocar um pouquinho de óleo na massa, caso prefira assá-las.

Pastel de forno com recheio de palmito e azeitona

Rendimento
10 pastéis grandes ou 20 pequenos

Tempo
1 hora

Dificuldade
difícil

V VG

Ingredientes

Massa

- 1 copo de farinha de trigo integral
- ½ copo de farinha de trigo branca
- 1 colher (chá) de sal marinho
- 1 colher (sopa) de semente de chia
- ⅓ de copo de ghee (ver receita na p. 116)
- 4 colheres (sopa) de água
- gergelim preto para enfeitar

Recheio

- 3 copos de palmito fresco (pupunha) picado
- 1 copo de azeitona preta sem caroço
- ½ cebola
- 3 colheres (sopa) de azeite de oliva extravirgem
- 1 colher (sobremesa) rasa de araruta (raiz japonesa parecida com a mandioca; pode ser substituída por amido de milho)
- água
- 1 colher (sobremesa) de orégano

Dica

Se quiser, acrescente ao recheio tomate picado, abobrinha ou vagem.

Modo de preparo

Massa

Coloque as farinhas, o sal e a chia em uma tigela e misture. Adicione o ghee e misture. Despeje a água lentamente e amasse um pouco até formar uma massa homogênea que desgrude das mãos. Deixe descansar por alguns minutos. Faça um rolinho e corte em pedaços. Com o rolo de macarrão, abra cada pedaço em formato de disco.

Recheio

Corte o palmito em cubinhos, pique a azeitona e a cebola. Refogue a cebola no azeite numa panela de tamanho médio. Acrescente o palmito e cozinhe com um pouquinho de água até ficar *al dente*. Dilua a araruta com um pouco de água e adicione ao palmito, mexendo em fogo médio até ficar bem transparente e espesso. Acrescente a azeitona e o orégano, misture bem e apague o fogo.

Como montar

Recheie a massa com o refogado de palmito e feche bem, passando a carretilha ou apertando com um garfo. Polvilhe com o gergelim. Coloque os pastéis em fôrma untada e enfarinhada e leve ao forno médio (200°C) para assar por cerca de 40 minutos.

Não me deixem com uma bandeja de pão de queijo caseiro, pastel de forno integral, bolinho de arroz ou quibe de forno, porque sou capaz de devorar tudo. São gostosuras que me confortam. Mas não são todos os salgadinhos que me apetecem. Sou criteriosa em minhas escolhas. Principalmente com pastéis de forno que, muitas vezes, são preparados com margarina, leite e recheios sem graça. Por isso, resolvi desenvolver esta receita. E o recheio não poderia ser outro que não o de palmito, que tem muito sabor. O palmito precisa ser fresco, porque aquele em conserva é muito ácido, o que prejudica a saúde de nossos ossos. Mais ideias de recheio são: tofu com espinafre, nozes com azeitona, cebola caramelizada, frango orgânico com milho, bacalhau. Outra opção, que me surpreendeu, é o sensacional palmito de jaca. Comi lá no Vale do Capão, na Chapada Diamantina (BA), onde todos os salgadinhos são feitos com palmito de jaca.

Pão de queijo caseiro

Rendimento
12 unidades

Tempo
40 minutos

Dificuldade
fácil

VG GF

Ingredientes

- 1 xícara (chá) de polvilho azedo
- 1 colher (café) de sal marinho
- ½ xícara (chá) de queijo parmesão ralado
- ½ xícara (chá) de queijo de minas curado ralado
- 1 ovo caipira
- 3 colheres (sopa) de azeite de oliva extravirgem
- 3 colheres (sopa) de água

Modo de preparo

Misture o polvilho, o sal e os queijos no processador. Adicione o ovo e pulse novamente. Coloque a massa numa tigela e acrescente o azeite e a água. Amasse bem até a massa ficar homogênea e atingir o ponto de enrolar. Faça as bolinhas e asse por 30 minutos a 200ºC.

O queijo da Serra da Canastra é o meu predileto e um dos únicos que consigo encontrar no Brasil feito com leite cru, não pasteurizado. Também chamado de "queijo artesanal de Minas", faz parte do patrimônio cultural imaterial brasileiro. Durante o processo de maturação do queijo, as bactérias vivas quebram as proteínas e os açúcares do leite, tornando a digestão mais fácil, do mesmo modo que na fermentação do iogurte. Como os bons queijos europeus, o queijo cru pode ser oferecido como auxiliar à digestão depois das refeições. Já os queijos feitos com leite pasteurizado têm suas enzimas inativas, bactérias mortas e desnaturação das proteínas, para além da lactose, um problema para quem tem intolerância a ela. Esta receita foi inspirada em minha querida sogra, que faz os melhores pães de queijo do mundo. Aprendi com ela que o queijo tem de ser da melhor qualidade. Simples e gostosa, esta receita não leva mais que sete ingredientes. Todos naturais e facilmente absorvidos pelo organismo.

Barrinha caseira

Rendimento
6 unidades médias

Tempo
10 minutos de molho +
15 minutos de preparo
+ 1 hora na geladeira

Dificuldade
fácil

V VG GF

Ingredientes

- 12 tâmaras sem caroço
- ⅓ de copo de pasta de amendoim
- 2 colheres (sopa) de água
- ¼ de copo de castanha-de-caju torrada
- ¼ de copo de amêndoa torrada
- ¼ de copo de castanha-do-pará
- 2 colheres (sopa) de gojiberry (pode ser substituída por uva-passa)
- 1 colher (sopa) de semente de abóbora sem casca e torrada

Modo de preparo

Coloque as tâmaras de molho em água por, no mínimo, 10 minutos. Bata no processador a pasta de amendoim, as tâmaras e a água. Reserve. Bata a castanha-de-caju, a amêndoa e a castanha-do-pará. Junte todos os ingredientes triturados em uma tigela. Acrescente a gojiberry e a semente de abóbora. Acomode em uma assadeira, moldando com as mãos. Leve à geladeira por, no mínimo, 1 hora.

Esta barrinha é feita com frutas oleaginosas para dar textura, tâmaras para adoçar, e gojiberry para dar cor. As oleaginosas são as maiores fontes vegetais de gordura saudável. A base desta receita é a pasta de amendoim. Se você não achar a pasta pronta, bata o amendoim torrado no processador por 3-5 minutos. Se o processador ficar muito quente, pare por alguns minutos e bata novamente, até virar uma pasta. Ela pode ser usada para passar no pão, como recheio de bolo ou em molhos para massas e vegetais. O amendoim é uma leguminosa, mas devido ao alto teor de gordura, é considerado e consumido como oleaginosa. Somente em Recife vim a conhecer o amendoim cozido, como feijão. Mas tenho que admitir que o amendoim torradinho e crocante é muito mais gostoso.

Pipoca à baiana (com azeite de dendê)

Rendimento
4 porções

Tempo
10 minutos

Dificuldade
fácil

V VG GF

Ingredientes

- 2 colheres (sopa) de azeite de dendê
- 1 colher (chá) de caldo da pimenta em conserva de sua preferência (opcional)
- ¼ de copo de milho de pipoca
- sal marinho a gosto

Modo de preparo

Aqueça o azeite de dendê em uma panela. Coloque o caldo da pimenta (opcional) e o milho da pipoca, tampe e deixe em fogo médio. Quando os grãos pararem de estourar, apague o fogo e aguarde alguns minutos para destampar a panela. Salpique a pipoca com sal.

Esta receita foi inspirada na minha mãe e no meu pai. Minha mãe é apaixonada por pipoca e meu pai, por dendê. Então, achei que nada representaria melhor o casamento deles do que a pipoca à baiana. E, para dar uma apimentada na relação, não poderia deixar de colocar uma pimentinha. A receita foi aprovada. Por muitos anos, a pipoca foi vista simplesmente como um bom lanche por causa de seu baixo teor calórico e alto teor de fibras. Agora, descobriu-se que é uma excelente fonte de polifenóis, classe de antioxidantes que neutralizam os efeitos dos radicais livres no organismo. Os polifenóis estão mais concentrados na casca do grão de milho – aquele amarelinho que fica preso nos dentes depois que a gente devora o saco de pipoca. Um bom saco de pipoca caseira faz bem à saúde. Mas não vale ser de micro-ondas.

Bolinho de arroz integral

Rendimento
50 bolinhos

Tempo
1h20min

Dificuldade
média

V VG GF*

* para ficar GF, utilize shoyu sem trigo

Ingredientes

- 1 xícara (chá) de painço (pode ser substituído por quinoa)
- 1 xícara (chá) de arroz integral
- 4 xícaras (chá) de água
- 1 colher (chá) de sal
- 1 cenoura ralada
- ½ cebola picada
- 1 dente de alho picado
- ½ xícara (chá) de azeitona picada (opcional)
- ½ copo de semente de girassol moída
- ½ xícara (chá) de salsa picada
- 1 colher (chá) de tomilho fresco
- 3 colheres (sopa) de óleo de gergelim torrado
- 3 colheres (sopa) de shoyu

Modo de preparo

Preaqueça o forno a 200ºC. Lave o painço e o arroz, escorra bem e coloque numa panela. Adicione a água e tempere com o sal. Espere ferver, reduza o fogo, tampe a panela e cozinhe por 30 minutos. Quando o arroz estiver pronto, passe para um recipiente grande e misture todos os outros ingredientes. Faça os bolinhos e coloque em tabuleiro untado com azeite ou óleo. Leve para assar por 30-40 minutos.

O milho é alimento para a vaca, a cevada vira cerveja e o painço é comida de passarinho. De todos os verdadeiros grãos, o painço é o que tem melhor perfil de aminoácidos e proteínas, além de ser riquíssimo em ferro. É ótima opção para variar os cereais da dieta, excelente para comer no lugar do arroz e também para fazer bolinhos e purês. Tem uma natureza superseca e dá textura crocante aos bolinhos assados no forno, como os desta receita. O painço é um dos meus cereais favoritos, mas é muito difícil de encontrar no Brasil. Como estraga mais facilmente que os outros grãos, aconselho comprar aos poucos. E não se esqueça de comprar já descascado, pois com casca só serve mesmo de comida para passarinho.

Grão-de-bico crocante

Rendimento
12 porções

Tempo
6-12 horas de molho +
50 minutos de preparo

Dificuldade
média

V VG GF

Ingredientes

- 2 xícaras (chá) de grão-de-bico (deixado de molho por 6-12 horas)
- 4 colheres (sopa) de azeite de oliva extravirgem
- 1 colher (chá) de sal marinho
- 1 colher (chá) de pimenta-do-reino
- 1 colher (chá) de cominho em pó
- 1 colher (chá) de páprica

Modo de preparo

Preaqueça o forno a 200ºC. Coloque o grão-de-bico numa panela com água e deixe cozinhar por 20 minutos. Escorra a água e misture o grão-de-bico com o azeite, o sal, a pimenta-do-reino, o cominho e a páprica. Espalhe o grão-de-bico em uma assadeira e leve ao forno, mexendo ocasionalmente, até ficar dourado e crocante (cerca de 30 minutos). Deixe esfriar e sirva em temperatura ambiente.

Cada tipo de leguminosa tem o seu charme, sabor e característica específicos. O grão-de-bico é o campeão da versatilidade, porque vai bem em saladas, pastinhas, sopas, hambúrgueres e até petiscos. Esta receita, supernutritiva, tem no grão-de-bico uma das melhores fontes de ácido fólico, rico também em proteína, ferro, magnésio e zinco.

Dia a dia

Feijão com tofu defumado, abóbora e quiabo

Rendimento
4 porções

Tempo
2 horas de molho +
40 minutos de preparo

Dificuldade
média

V VG GF

Ingredientes

Feijão

- 2 copos de feijão-carioca
- 200 g de tofu defumado picado
- sal
- 6 copos de água
- 3-4 colheres (sopa) de óleo de girassol
- 6 dentes de alho picados
- 1 cebola grande picada

Legumes

- ⅛ de abóbora-hokkaido
- 5 quiabos
- azeite de oliva extravirgem
- sal

Dica

O consumo de produtos defumados deve ser esporádico, porque esse tipo de alimento contém substâncias cancerígenas derivadas da fumaça durante o processo de defumação.

Modo de preparo

Feijão

Deixe o feijão de molho por, no mínimo, 2 horas. Escorra a água. Cozinhe na panela de pressão com o tofu defumado, sal e a água por 25 minutos. Enquanto isso, aqueça o óleo de girassol na frigideira e doure o alho e a cebola. Acrescente a abóbora e o quiabo (preparados conforme receita abaixo) e 1 pitada de sal. Adicione todos os vegetais ao feijão.

Legumes

Corte a abóbora e o quiabo em pedaços pequenos. Aqueça um pouco de azeite em uma panela e acrescente os legumes picados. Tempere com sal e refogue até ficarem cozidos. Acrescente no final da receita do feijão.

Adoro tofu, mas admito que já ouvi muitos dizerem que detestam. Quando pergunto como consumiram o tofu, respondem que tiraram da embalagem e comeram como se fosse um pedaço de queijo. É preciso temperar, cozinhar, assar, fritar ou utilizar qualquer outro método para preparar um tofu delicioso. No caso desta receita, vou fazer o processo oposto e usar o tofu defumado para dar sabor ao feijão. Basta cortá-lo e jogá-lo na panela. O tofu é rico em proteína e cálcio.

Arroz integral

Rendimento
4 porções

Tempo
40 minutos

Dificuldade
média

V VG GF

Ingredientes

- 1 colher (sopa) de azeite de oliva extravirgem
- 2 dentes de alho
- 1 cebola
- 2 copos de arroz cateto integral
- sal marinho

Modo de preparo

Aqueça o azeite e refogue o alho até ficar dourado. Acrescente a cebola. Refogue mais um pouco e coloque o arroz. Frite o arroz e coloque 4 copos de água e o sal. Tampe após ferver, reduza o fogo e cozinhe por cerca de 30 minutos.

Dica

Gosto de deixar o arroz integral de molho para reduzir o teor de antinutrientes, como o fitato (ácido fítico), substância que reduz a absorção de cálcio, ferro e zinco.

O arroz integral é meu cereal do dia a dia, principalmente pelo fato de ser a base da alimentação macrobiótica. Tenho muita influência da alimentação macrobiótica por causa do meu pai, que aderiu a esse estilo de vida nos anos 1970, e por eu ter estudado sobre ela durante o tempo em que morei em Nova York. O arroz integral está presente na macrobiótica por ser um cereal neutro, que não agrava as energias yin e yang. Acho que não existe nenhum outro alimento para representar melhor essa filosofia, que nos ensina a comer melhor e a viver em harmonia com a natureza, o universo e o nosso próprio corpo. Existem muitos modos de fazer o arroz integral. Escolhi prepará-lo como arroz branco, com um refogado de alho e cebola tipicamente brasileiro.

Salada de erva-doce e repolho roxo

Rendimento
4-6 porções

Tempo
10 minutos

Dificuldade
fácil

V VG GF*

* para ficar GF, utilize shoyu sem trigo

Ingredientes

- 1 bulbo de erva-doce fatiado bem fino no sentido longitudinal
- ¼ de repolho roxo fatiado bem fino
- 2 talos de aipo cortados bem fino na diagonal
- ½ maço de salsa picada
- 1 maçã pequena cortada em palitos
- sal marinho
- pimenta-do-reino
- 2 colheres (sopa) de azeite de oliva extravirgem

Molho

- ½ copo de tahine
- ½ copo de água
- suco de 1 limão
- 1 colher (sopa) de shoyu

Modo de preparo

Misture os vegetais numa tigela, tempere com sal e pimenta-do-reino e mexa bem. Acrescente o azeite e misture, amassando com a mão para retirar o excesso de água dos vegetais. Reserve. Misture todos os ingredientes do molho numa tigela. Quando adicionar a água ao tahine, preste atenção porque ele pode granular. Continue mexendo vigorosamente até chegar a uma consistência cremosa. Acrescente o molho aos vegetais e misture bem.

Indicado por suas propriedades digestivas, o funcho, também conhecido como erva-doce, faz mais sucesso em forma de chá no Brasil do que como alimento. Seu sabor característico, levemente adocicado, faz as pessoas o adorarem ou o rejeitarem. Vegetal da família do aipo, da cenoura e da salsa, é rico em fibras e pobre em calorias, e, portanto, uma ótima opção para quem quer emagrecer. Todas as suas partes são comestíveis: bulbo, talos, folhas, flores e sementes. Quer um alimento mais integral do que esse? E ainda alivia cólicas abdominais.

Pão integral

Rendimento
cerca de 10 fatias por fôrma

Tempo
2 horas

Dificuldade
média

V VG

Ingredientes

- 4 copos de farinha de trigo integral
- 3 colheres (chá) de fermento biológico seco
- 2 ½ copos de água morna
- 1 colher (chá) de sal
- ⅓ de copo de óleo de coco
- 2 copos de farinha de trigo branca

Modo de preparo

Numa tigela, misture a farinha integral, o fermento e a água morna com a ajuda de uma colher de pau. Cubra com um pano e deixe descansar por 10 minutos. Adicione o sal, o óleo e a farinha branca. Misture com as mãos até a massa ganhar forma. Transfira a massa para uma superfície lisa polvilhada com farinha e amasse muito bem por 10 minutos. Adicione mais farinha, se precisar. Unte duas fôrmas de pão, ou forre com papel-manteiga, e distribua a massa entre elas. Deixe a massa descansar por 1 hora em lugar morno. Ligue o forno a 180°C e coloque os pães para assar por 30 minutos. Retire do forno e desenforme antes de esfriar completamente.

Quando falamos em pão integral presumimos que a maior parte da farinha usada seja a integral. Porém, muitos pães industrializados não são assim. Usam mais farinha branca e mesmo assim rotulam como integral. Leia bem o rótulo. Se o primeiro alimento da lista de ingredientes for farinha integral, o pão deve ser de qualidade, mas se for farinha branca, esqueça: é pão branco disfarçado!

Esta receita de pão integral é muito fácil de fazer e mostra que não precisamos mais comprar pão. Além da simplicidade do modo de preparo, o pão leva somente 6 ingredientes, não contém leite e acrescentamos o incrível óleo de coco.

O óleo de coco contém uma grande quantidade de triglicerídeos de cadeia média, que podem ter efeitos terapêuticos em doenças cerebrais, além de diminuir o trabalho do organismo na digestão da gordura. Também ajuda a fortalecer o sistema imunológico.

Quiche de tofu com legumes

Rendimento
6-8 pedaços

Tempo
1 hora

Dificuldade
média

V VG

Ingredientes

Massa

- 2 copos de farinha de trigo integral
- ⅓ de copo de azeite de oliva extravirgem
- ⅓ de copo de água gelada
- sal marinho

Legumes

- 1 alho-poró cortado em fatias finas
- 3 cenouras cortadas em cubinhos
- ½ brócolis separado em buquês pequenos
- 1 colher (chá) de sal marinho

Creme de tofu

- 2 caixas de tofu
- suco de 1 limão
- sal a gosto
- shoyu
- orégano
- azeite de oliva
- 1 dente de alho
- 1 colher (sopa) de azeite de oliva extravirgem

Dica

Há duas maneiras de rechear a quiche: misturar o tofu com os vegetais e colocar na massa ou pôr uma camada de vegetais e cobrir com o creme de tofu – fica mais apresentável.

Modo de preparo

Massa

Preaqueça o forno a 200°C. Misture todos os ingredientes da massa numa tigela até ficar como massa de empadão. Não use as mãos para não transmitir calor à mistura. Com a massa, forre forminhas individuais ou uma fôrma para quiche. Leve para assar por 10 minutos. Depois, retire do forno e reserve.

Recheio de legumes

Refogue o alho-poró no azeite até murchar. Adicione a cenoura e os brócolis e tempere com o sal. Acrescente um pouco de água, tampe a panela e deixe cozinhar até os vegetais ficarem *al dente* (5-8 minutos).

Creme de tofu

Misture todos os ingredientes do creme no processador e bata até ficar homogêneo (adicione o azeite aos poucos com o processador ligado). Misture o creme de tofu com os vegetais e recheie a massa da torta. Coloque no forno e deixe assar por 30 minutos. Se quiser o recheio mais cremoso, deixe menos tempo no forno e use menos vegetais e mais creme.

Você pode ficar intrigado com o recheio desta quiche. Muitos perguntam se não leva queijo. O sabor e a textura da quiche lembra mesmo os do queijo branco. O segredo está no tempero: orégano e limão. Se quiser colocar uma cabecinha de alho, então, fica espetacular. Se você nunca experimentou tofu, esta pode ser uma boa opção para ser apresentado a ele. Esta receita mostra a versatilidade do tofu na culinária. Pode virar recheio, calda de bolo, quiche, maionese, pastinha. Você não vai se arrepender e, se for como eu, irá comer o recheio antes mesmo de colocá-lo na torta. Verá que o creme de tofu misturado a legumes dá um belo prato por si só.

Farofa

Rendimento
4 porções

Tempo
20 minutos

Dificuldade
fácil

V VG GF

Ingredientes

- ½ cebola picada
- 2 colheres (sopa) de ghee (ver receita na p. 116).
- 2 copos de farinha de mandioca crua
- sal marinho

Modo de preparo

Frite a cebola no ghee e acrescente a farinha. Tempere com sal a gosto e mexa sempre em fogo baixo até a farinha ficar com a aparência de tostada (isso acontece por volta de 20 minutos).

A farinha de mandioca, alimento legítimo brasileiro, foi criada pelos índios, e os escravos na época da colonização a "embelezaram" quando inventaram a farofa. Nenhum outro alimento me faz lembrar a felicidade de ser brasileira como a farofa. Ah, farofa, como eu te amo!

Macarrão integral caseiro com molho de beterraba e cenoura

Rendimento
6 porções

Tempo
30 minutos

Dificuldade
média

VG

Ingredientes

Macarrão

- 1 copo de farinha de trigo integral
- 2 colheres (sopa) de farinha de trigo branca
- 2 ovos caipiras
- 1 pitada de sal
- queijo parmesão para servir

Molho vermelho

- 2 colheres (sopa) de azeite de oliva extravirgem
- ½ cebola picada
- 2 dentes de alho picados
- 3 cenouras descascadas e cortadas em pedaços médios
- ½ beterraba grande descascada e cortada em pedaços médios
- 3 copos de água
- 1 colher (sobremesa) de orégano seco
- 1 folha de louro
- 2-3 colheres (chá) de sal marinho
- ½ xícara (chá) de manjericão fresco picado + ¼ de xícara (chá) para finalizar
- 1 colher (chá) de vinagre de maçã ou de arroz (opcional)
- 2 colheres (sopa) de shoyu (opcional)
- 1 pitada de noz-moscada

Modo de preparo

Macarrão

Misture todos os ingredientes até formar uma massa homogênea. Deixe descansar por 10 minutos. Abra a massa na máquina própria para macarrão. Passe na máquina novamente para cortar no formato desejado. Quem não tiver a máquina pode abrir a massa com o rolo de macarrão e cortá-la com a faca. Cozinhe em água fervente com sal e azeite. Deixe ferver por 7-10 minutos e escorra com a ajuda de uma peneira ou escorredor de macarrão. Coloque um fio de azeite para não grudar. Sirva com o molho (ver receita ao lado) , polvilhado com queijo ralado.

Molho

Aqueça o azeite em uma panela de fundo grosso em fogo médio. Refogue a cebola e o alho por 5 minutos, até que a cebola fique translúcida. Adicione a cenoura, a beterraba, a água, o orégano, a folha de louro, o sal e o manjericão e tampe a panela. Deixe ferver. Em seguida, reduza o fogo e cozinhe por cerca de 30 minutos, até os vegetais ficarem bem macios. Bata com um misturador vertical ou um mixer e ajuste o tempero, se necessário. Adicione a outra parte do manjericão picado, o vinagre, o shoyu e a noz-moscada, leve ao fogo por mais 5 minutos e sirva com o macarrão.

Desde que comecei a estudar culinária e nutrição natural, evito o uso de tomate, batata-inglesa, berinjela e pimentão. Esses alimentos são da família das solanáceas e contêm substâncias tóxicas, como a solanina, um alcaloide que, se consumido por longo prazo, pode promover inflamações e degeneração nas articulações em pessoas geneticamente suscetíveis a esses problemas. Na alimentação ayurvédica e na macrobiótica, o tomate é sempre descartado no dia a dia. No tempo que passei em Nova York, experimentei alguns molhos vermelhos preparados sem tomate. Descobri que o segredo era juntar a cor laranja da cenoura com a roxa da beterraba. E para deixar o molho mais especial e mais parecido com o de tomate, é só adicionar o manjericão fresco – esse é o ingrediente-chave.

Leite de coco

Rendimento
1 litro

Tempo
5 minutos

Dificuldade
fácil

V VG GF

Ingredientes

- 1 copo de polpa de coco
- 5 copos de água quente

Modo de preparo

Bata tudo no liquidificador e coe.

O leite de coco é muito usado na preparação de pratos da culinária baiana e tailandesa. E pode ser um ótimo substituto para o leite de vaca na preparação de vitaminas, bolos, sorvetes e milk-shakes, principalmente para quem é intolerante à lactose ou alérgico ao leite. O leite de coco, de origem vegetal e livre de lactose, é rico em vitaminas, fósforo, ferro e zinco. Ajuda a fortalecer o sistema imunológico e a manter a função cerebral.

1 CUP
8 oz

Leite de amêndoa

Rendimento
1,5 litro

Tempo
4-8 horas de molho +
5 minutos de preparo

Dificuldade
fácil

V VG GF

Ingredientes

- 1 copo de amêndoa crua
- 4 copos de água*

(coloque menos água se você gostar do leite mais encorpado)*

Modo de preparo

Lave as amêndoas e deixe de molho na água de um dia para o outro (a água deve ser suficiente para cobri-las) ou guarde na geladeira por mais dias. Escorra a água em que as amêndoas ficaram de molho e reserve. Retire a película das amêndoas (opcional) e bata no liquidificador com a água reservada. Coe em um pano fino. Se não for consumir na hora, guarde o leite fresco na geladeira. Ele se conserva por até 3 dias.

Dica

As frutas oleaginosas são um dos alimentos que mais causam alergias, que podem ser desencadeadas depois do consumo em excesso ou uso muito frequente. Então, não é recomendável tomar leite de amêndoa todos os dias e em grandes quantidades.

Ótima opção para tomar puro ou com cereal no café da manhã, e usar no lugar do leite de vaca na hora de preparar receitas doces e salgadas. Ao contrário do leite de vaca pasteurizado, o leite de amêndoa caseiro ajuda a manter o pH do sangue mais alcalino, prevenindo a osteoporose. Por ser boa fonte de cálcio e magnésio, auxilia no fortalecimento dos ossos. Como o leite de coco, o de amêndoa não contém lactose.

Ricota de tofu

Rendimento
6 porções

Tempo
10 minutos

Dificuldade
fácil

V VG GF

Ingredientes

- 1 pedaço de tofu (200 g)
- ⅓ de cebola picada
- ½ maço de salsa picada
- 2 colheres (chá) de orégano
- 4 colheres (sopa) de azeite de oliva extravirgem
- suco de 1 limão
- sal marinho
- pimenta-do-reino

Modo de preparo

Deixe o tofu escorrendo em um pano de prato ou papel-toalha. Amasse com um garfo até ficar bem esfarelado. Misture o tofu com todos os outros ingredientes.

Esta receita é uma boa alternativa para o consumo de laticínios no dia a dia. O tofu, assim como outros produtos de soja fermentada – shoyu, tempeh e natto – é uma das melhores formas de consumir soja. Porém, não sou a favor do consumo exagerado de soja não fermentada, muito menos de seus subprodutos altamente processados, que podem prejudicar a saúde. Muitos dos produtos à base de soja passam por vários processos químicos. A maior parte da soja consumida pela sociedade ocidental vem de alimentos altamente processados como a carne de soja, a proteína de soja texturizada etc.

Ghee, a manteiga caseira sem lactose

"Para quem gosta de manteiga, o ghee fica divino em tudo que levaria manteiga! Deleite-se sem leite."

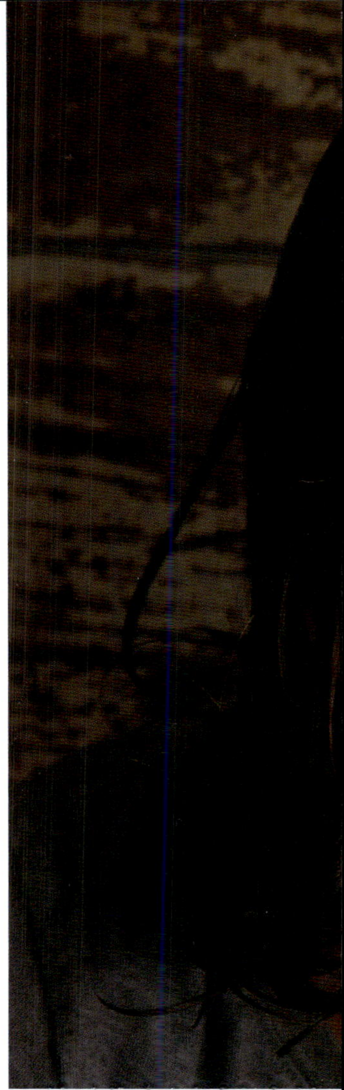

Rendimento
1 vidro de 200 g

Tempo
10 minutos +
30 minutos de espera

Dificuldade
média

VG GF

Ingredientes

- 250 g de manteiga sem sal

Modo de preparo

Coloque a manteiga em uma panela e leve ao fogo médio-alto. A manteiga derreterá até começar a ferver. Observe que formará uma espuma que, em seguida, vai baixar. Quando formar a segunda espuma, aguarde alguns minutos e retire do fogo (você verá cristais no fundo da panela – é a lactose). Espere esfriar, coe e coloque em um vidro. Deixe no freezer até endurecer e depois retire. O ghee está pronto para usar. Armazene fora da geladeira.

O ghee é composto quase inteiramente de gordura saturada, algo que pode assustar algumas pessoas por causa da má reputação desse tipo de gordura, propagandeada pela indústria farmacêutica e alimentícia. A gordura saturada, porém, não é vilã. Daqui a alguns anos, a indústria deve voltar atrás, como fez com o ovo e o café. O ghee é um excelente alimento que contém propriedades anti-inflamatórias, desintoxicantes e lubrificantes, e ainda ajuda a manter saudável o sistema digestivo e nervoso. Contém ácidos graxos de cadeia curta, metabolizados no organismo muito rapidamente, que beneficiam a digestão em quem tem dificuldade de processar bem as gorduras. A manteiga de garrafa, muito conhecida no Nordeste, é parecida com o ghee, mas tem menos propriedades medicinais e menor durabilidade – o ghee pode durar até dois anos fora da geladeira. É ótima opção para fritar e cozinhar em altas temperaturas, porque sua gordura não cria radicais livres, que causam danos às células.

Suco verde

Rendimento
2 porções

Tempo
5 minutos

Dificuldade
fácil

VG GF

Ingredientes

- ½ copo de agrião picado com os talos
- ½ maçã cortada em cubos
- 1 colher (chá) de mel
- 1 copo de água gelada
- ½ limão sem casca

Modo de preparo

Bata tudo no liquidificador e tome logo em seguida.

Dica

Varie o tipo de folha no suco verde. Outras opções: folhas da beterraba, de brócolis, couve, rúcula e salsa.

O suco verde é uma saborosa escolha para começar o dia de modo saudável. Além de ajudar a manter o pH do sangue alcalino, essencial para o bom funcionamento do organismo, ajuda a oxigenar o sangue. Existem duas maneiras de fazer o suco verde: na centrífuga ou no liquidificador. Na centrífuga, extraímos somente o suco dos vegetais e eliminamos as fibras. No liquidificador, mantemos todas as fibras e temos um suco mais grosso. Os nutrientes do suco feito na centrífuga vão parar mais rapidamente na corrente sanguínea, enquanto o suco no liquidificador não peneirado contém fibras que ajudam no funcionamento do intestino. O mais importante nos sucos verdes são os ingredientes, principalmente as folhas verdes, porque elas têm um pigmento chamado clorofila, que estimula a produção de hemoglobina (proteína que está presente nos glóbulos vermelhos), elimina toxinas e ainda aumenta a capacidade de o sangue carregar oxigênio. O agrião, como cresce mais frequentemente na água, contém um pouco de iodo, mineral necessário para o bom funcionamento da tireoide. As folhas ajudam também a eliminar o excesso de muco, a proteger contra o câncer de pulmão e a tonificar os brônquios. Seu sabor picante dá um belo frescor ao suco.

Molhos

Molho de coentro cremoso

Rendimento
2 xícaras (chá)

Tempo
4 horas de molho +
5 minutos de preparo

Dificuldade
fácil

V VG GF

Ingredientes

- ½ xícara (chá) de castanha-de-caju crua, deixada de molho por, no mínimo, 4 horas
- suco de ½-1 limão
- 1 xícara (chá) de coentro, com os talos, picado grosseiramente
- ½ xícara (chá) de água
- 1 colher (chá) de sal marinho
- ½ dente de alho pequeno
- 2 colheres (sopa) de azeite de oliva extravirgem

Modo de preparo

Coloque todos os ingredientes no liquidificador e bata até formar uma pasta bem lisa. Tempere a gosto e sirva.

Para servir com batata cozida, nada melhor que um molhinho caseiro, cremoso e cheiroso. Este molho de castanha-de-caju com coentro é dos deuses, serve tanto para acompanhar petiscos como para temperar uma salada verde, vegetais cozidos e até mesmo o arroz integral. Quem não é fã de coentro pode usar outra erva, como manjericão ou salsa. Mas, para ser franca, não vai ficar tão gostoso. Sou baiana!

Molho de tahine com hortelã

Rendimento
1 xícara (chá)

Tempo
5 minutos

Dificuldade
fácil

V VG GF

Ingredientes

- ¼ de copo de folhas de hortelã
- 3 colheres (sopa) de azeite de oliva extravirgem
- suco de ½ limão
- 1 pitada de sal
- ¾ de copo de tahine

Modo de preparo

Bata todos os ingredientes no processador e acrescente um pouco de água para chegar à consistência de molho.

Molho de mostarda

Rendimento
⅓ de xícara (chá)

Tempo
5 minutos

Dificuldade
fácil

VG GF

Ingredientes

- 1 colher (sopa) de mostarda de Dijon
- ½ dente de alho picado
- suco de ½ limão
- 4 colheres (sopa) de água
- 1 colher (sopa) de mel
- 1 pitada de sal

Modo de preparo

Bata todos os ingredientes no liquidificador.

Molho de shoyu com nabo

Rendimento
6-8 porções

Tempo
5 minutos

Dificuldade
fácil

V VG GF*

* para ficar GF, utilize shoyu sem trigo

Ingredientes

- 1 talo de cebolinha picada
- suco de 1 limão
- 2 colheres (sopa) de shoyu
- ½ nabo pequeno ralado fino

Modo de preparo

Misture todos os ingredientes.

Dica

Descasque o nabo, rale e adicione a sopas, saladas ou refogados.

Sobremesas

Bolo de cenoura com calda de chocolate

Rendimento
2 fôrmas

Tempo
55 minutos

Dificuldade
fácil

VG

Ingredientes

Massa

- 3 copos de farinha de trigo integral
- 2 ½ copos de açúcar mascavo
- 1 colher (sobremesa) de fermento em pó
- 1 colher (chá) de sal marinho
- 1 colher (sobremesa) de canela em pó
- 1 colher (chá) de noz-moscada
- ½ colher (chá) de gengibre em pó
- ½ copo de água
- 4 ovos orgânicos
- 1 ½ copo de óleo de coco (ou de milho, soja ou girassol)
- 1 colher (sopa) de essência de baunilha
- 2 copos de cenoura ralada
- 1 copo de nozes picadas
- ¼ de copo de uva-passa

Calda de chocolate

- 2 copos de água
- 4 colheres (chá) de ágar-ágar em pó (pode ser substituído por gelatina sem sabor)
- ¾ de copo de cacau em pó
- 1 copo de açúcar mascavo
- 1 pitada de sal marinho

Modo de preparo

Massa

Preaqueça o forno a 180ºC. Unte com óleo 2 fôrmas de 20 cm de diâmetro e polvilhe farinha. Em uma tigela grande, coloque a farinha, o açúcar, o fermento em pó, o sal e as especiarias. Misture bem e reserve. Em outra tigela, misture a água, os ovos, o óleo e a baunilha. Despeje o mix de líquidos na mistura de farinha e mexa delicadamente. Adicione a cenoura, as nozes e a uva-passa e misture até ficar tudo bem incorporado. Divida a massa nas 2 fôrmas. Leve ao forno por 35-40 minutos, até que o bolo se afaste da lateral da fôrma e esteja firme ao toque. Deixe esfriar por 10 minutos e desenforme.

Calda de chocolate

Aqueça a água e o ágar-ágar numa panela em fogo médio. Mexa bem. Adicione o cacau, o açúcar mascavo e o sal. Misture bem até levantar fervura. Reduza o fogo e deixe cozinhar por 30 segundos. Coloque a calda numa vasilha de vidro refratário e leve à geladeira por 1 hora ou até ficar firme. Corte a cobertura já endurecida, coloque no processador e bata até ficar bem cremosa e consistente. Decore o bolo.

Por ter morado muitos anos em Nova York, me rendi ao bolo de cenoura de lá, uma mistura de bolo de cenoura com pão de mel. Leva algumas especiarias, como o gengibre em pó, a canela e a noz-moscada, que dão um sabor especial ao bolo. A canela, uma das especiarias mais antigas da humanidade, ajuda a aquecer o corpo e tem um sabor adocicado, que combina com qualquer doce. A noz-moscada é outro tempero que dá um toque especial a sopas, caldos, tortas, biscoitos e bolos. Combate a insônia e a náusea, melhora a concentração e diminui a ansiedade.

Trufa de chocolate

Ingredientes

- 1 copo de castanha-de-caju crua
- ½ copo de tâmara sem caroço
- ¼ de copo de cacau em pó
- 1 pitada de sal marinho
- 1 colher (sopa) de óleo de coco
- coco ralado, cacau em pó, pistache ou nozes picadas, para enfeitar

Rendimento
12 unidades

Tempo
4 horas de molho +
10 minutos de preparo

Dificuldade
fácil

V VG GF

Modo de preparo

Coloque a castanha-de-caju de molho por, no mínimo, 4 horas. Escorra a água e bata a castanha no processador por 30 segundos. Adicione a tâmara, o cacau e o sal e processe até que os ingredientes estejam bem misturados e com consistência. Se precisar, adicione óleo de coco para incorporar melhor os ingredientes. Enrole a massa fazendo bolinhas e passe em coco ralado, cacau em pó, pistache ou nozes picadas.

A tâmara é uma fruta típica do deserto do Oriente Médio, cujas árvores proporcionam sombra fresca. De 60% a 70% da tâmara é composta de açúcar, e, quanto mais seca, mais doce vai ser a fruta. Por isso, gosto de usá-la como adoçante nesta receita. E ainda contribui com fibras, vitaminas e minerais, deixando a trufa mais nutritiva. Já o cacau em pó é um alimento estimulante, rico em flavonoides, que ajudam a reduzir os radicais livres e a prevenir a formação de placas nas artérias. A teobromina e a feniletilamina auxiliam o cérebro na produção de substâncias químicas que lembram a sensação da paixão. Não é à toa que o chocolate conforta qualquer coração partido. Mas, para obter esses benefícios, é preciso usar o cacau puro, sem adição de açúcar.

Musse de chocolate

Rendimento
4-6 porções

Tempo
4 horas de molho +
10 minutos de preparo +
30 minutos na geladeira

Dificuldade
média

VG GF

Ingredientes

- 1 copo de castanha-do-pará
- 200 g de chocolate amargo (75% cacau)
- 2 colheres (sopa) de óleo de coco (ou de girassol)
- 1 copo de água
- ⅓ de copo de melado de cana
- 1 colher (sopa) de semente de chia ou plantago (a musse não terá a mesma consistência sem um desses ingredientes, mas ficará igualmente saborosa)
- 1 pitada de flor de sal

Modo de preparo

Coloque a castanha-do-pará de molho por, no mínimo, 4 horas e escorra. Derreta o chocolate em uma panela de ferro com o óleo de coco ou de girassol (ou derreta em banho-maria). Bata no liquidificador a castanha-do-pará com a água. Acrescente o chocolate derretido e o melado. Misture a chia ou o plantago. Coloque na geladeira por 30 minutos. Decore com flor de sal.

Dica

O consumo de selênio em grande quantidade pode ser tóxico. Então, não abuse das castanhas-do-pará.

A castanha-do-pará é a base para essa musse de chocolate. Fruto de uma árvore exclusiva da região amazônica, com mais de 40 metros de altura, a castanha-do-pará dá aos brasileiros a oportunidade de suprir suas necessidades diárias de selênio com uma única castanha. O selênio é um poderoso antioxidante que auxilia na prevenção do câncer, das doenças do coração, das alergias e inflamações. Junto com o iodo, o selênio mantém a saúde da tireoide. Outro ingrediente importante que trará mais consistência à musse é o *plantago ovata*, planta muito utilizada pela indústria farmacêutica para preparar a base de remédios que aliviam a prisão de ventre. Fibra pura, o plantago ajuda a diminuir os níveis elevados de colesterol no sangue.

Bolo de laranja com creme de tofu

Rendimento
8 fatias

Tempo
1 hora

Dificuldade
média

V VG

Ingredientes

Massa

- 2 xícaras (chá) de farinha de trigo integral
- 4 colheres (chá) de fermento em pó
- 1 pitada de bicarbonato de sódio
- ¼ de xícara (chá) de semente de papoula
- 1 pitada de sal marinho
- ⅓ de xícara (chá) de suco de laranja
- 1 xícara (chá) de água
- 4 colheres (chá) de suco de limão ou 1 colher (sopa) de vinagre de maçã
- ¾ de xícara (chá) de melado de cana
- ⅓ de xícara (chá) de óleo de girassol
- 2 colheres (sopa) de raspas de laranja

Creme de tofu

- 250 g de tofu
- 1 colher (sopa) de azeite de oliva extravirgem
- ½ xícara (chá) de melado de cana
- 1 colher (sopa) de suco de laranja
- 1 colher (sopa) de raspas de laranja
- 1 colher (chá) de essência de baunilha
- 5 colheres (chá) de ágar-ágar em pó (pode ser substituído por gelatina sem sabor)
- ¾ de xícara (chá) de água
- 4 colheres (chá) de araruta
- 1 colher (sopa) de água

Modo de preparo

Massa

Preaqueça o forno a 180°C. Misture a farinha, o fermento, o bicarbonato, a semente de papoula e o sal em uma tigela. Em outra, junte o suco de laranja, a água, o suco de limão, o melado, o óleo e as raspas de laranja. Acrescente a mistura dos ingredientes molhados aos secos. Mexa com uma colher de pau até formar uma massa. Despeje a massa em uma fôrma de 23 cm de diâmetro. Leve ao forno e deixe assar por 25-30 minutos. Quando estiver pronto, espere esfriar um pouco para desenformar e decore com o creme de tofu.

Dica

Quem não consome glúten, ou tenta evitá-lo, pode fazer este bolo com uma mistura de farinha de arroz, amêndoa e coco. Fica uma delícia e é ainda mais nutritivo! Mas como bolo é bolo, um pedaço já basta.

Creme de tofu

Coloque o tofu, o azeite, o melado, o suco e as raspas de laranja e a baunilha no processador de alimentos e bata até ficar cremoso. Dissolva o ágar-ágar na água em uma panela pequena em fogo médio. Mexa com frequência. Em uma tigela pequena, misture a araruta com 1 colher (sopa) de água e adicione ao ágar-ágar (pode ser substituído por gelatina sem sabor). Continue a cozinhar até que a mistura comece a borbulhar e engrossar. Adicione essa mistura à de tofu no processador e bata novamente. Despeje o creme em um recipiente de vidro e coloque no freezer por 30 minutos. Processe a mistura mais uma vez, até ficar cremosa e confeite o bolo.

Gosto de fazer doces que, além de adoçar o paladar e confortar a mente, sejam nutritivos. Por isso, um dos adoçantes que mais uso na cozinha é o melado de cana. É uma excelente fonte de vitamina B_6 e ferro, e rico em cálcio, magnésio, potássio, cobre, manganês e selênio. Já a maioria dos outros adoçantes, como o açúcar branco e o xarope de milho, é altamente refinada, não contém nada além de glicose e frutose e é inflamatória. O verdadeiro melado é aquele bem grosso, marrom-escuro, de sabor forte. Não se deixe enganar com melados claros e líquidos que, muitas vezes, são misturados com xarope de glicose para baratear o custo de produção e aumentar os lucros.

Bolo de chocolate vegano

Rendimento
12 fatias

Tempo
1 hora

Dificuldade
média

V VG

Ingredientes

Massa

- 3 copos de farinha de trigo integral
- 1 copo de farinha de trigo branca
- 1 copo de cacau em pó sem adição de açúcar
- 1 colher (sopa) de fermento em pó
- 2 copos de açúcar mascavo
- 1 pitada de sal marinho
- 1 colher (chá) de canela
- ½ copo de óleo de coco + ½ copo de azeite de oliva extravirgem
- 1 colher (chá) de vinagre de maçã (orgânico, não filtrado)
- 4 copos de água

Cobertura/recheio

- 2 copos de água
- 4 colheres (chá) de ágar-ágar em pó
- ¾ copo de cacau em pó
- 1 copo de açúcar mascavo
- 4 colheres (sopa) de melado de cana
- 1 pitada de sal marinho

Modo de preparo

Massa

Preaqueça o forno a 180°C. Unte 2 fôrmas redondas de 23 cm de diâmetro. Misture numa tigela as farinhas, o cacau, o fermento, o açúcar mascavo, o sal e a canela. Em outro recipiente, misture bem o óleo de coco, o azeite, o vinagre e a água. Com a ajuda de uma colher de pau, incorpore lentamente os ingredientes líquidos aos secos. Divida a massa igualmente entre as 2 fôrmas e leve para assar por 35 minutos. Não abra o forno nos primeiros 30 minutos para o bolo não solar. Retire do forno e deixe amornar antes de desenformar.

Cobertura/recheio

Numa panela média, aqueça a água e o ágar-ágar até o pó dissolver completamente. Adicione o cacau, o açúcar mascavo, o melado e o sal. Deixe levantar fervura, mexa bem e reduza o fogo ao mínimo. Cozinhe por 2 minutos, sempre mexendo.

Uma vez que a pessoa ganha consciência alimentar, pode fazer qualquer receita, porque sempre vai achar um jeito de adaptá-la à sua própria necessidade. Como trocar a farinha branca pela integral, o açúcar branco pelo mascavo, a margarina pelo óleo de coco ou manteiga, o leite de caixinha pelo leite de amêndoa ou água. São alterações como essas que fazem do bolo uma "besteirinha" útil de vez em quando.

Cookie integral com geleia de morango

Rendimento
16 unidades

Tempo
50 minutos

Dificuldade
média

V VG GF*

* para ficar GF, utilize aveia sem glúten

Ingredientes

Massa

- 2 xícaras (chá) de farinha de aveia
- 2 colheres (sobremesa) de semente de chia triturada
- 1 pitada de sal marinho
- 2 colheres (sopa) de melado de cana
- 2 colheres (sopa) de azeite de oliva extravirgem
- 1 colher (sopa) de óleo de coco

Geleia de morango

- 1 colher (sopa) de água
- 2 copos de morango cortado ao meio

Modo de preparo

Massa

Numa tigela, misture os ingredientes secos (a farinha de aveia, a chia e o sal). Em outra tigela, misture os ingredientes molhados (o melado, o azeite e o óleo de coco). Despeje a mistura líquida sobre os ingredientes secos e mexa com uma colher. Faça os biscoitos pressionando o centro para dar espaço para colocar a geleia. Depois que os 16 biscoitos estiverem prontos numa fôrma, coloque a geleia em cada biscoito com a ajuda de uma colher de chá. Leve ao forno por 20 minutos a 180ºC de temperatura. Assim que saem do forno, os biscoitos estão macios. Espere esfriar para retirá-los da fôrma e servi-los bem crocantes.

Geleia de morango

Coloque a água na panela e deixe ferver. Adicione o morango. Reduza o fogo e tampe a panela. Deixe cozinhar por 20 minutos em fogo baixo, mexendo de vez em quando para não grudar. Se o morango secar muito, coloque mais água e mexa bem. Os morangos devem desmanchar e ficar com consistência pastosa. Opcional: 2 colheres (sopa) de melado de cana para adoçar.

Para quem gosta de um docinho no meio da tarde, aconselho experimentar esta receita de biscoito, porque é um doce nutritivo e muito saboroso, e não deixa nada a desejar aos biscoitos industrializados feitos com farinha de trigo refinada, açúcar branco e gordura hidrogenada. Para este cookie, uso farinha de aveia, que auxilia na redução das taxas de colesterol, melado de cana, que além de adoçar é rico em cálcio e ferro, e óleo de coco, uma gordura de fácil digestão que ajuda a fortalecer o sistema imunológico. E, para fechar com chave de ouro, ainda há sementes de chia, a segunda maior fonte vegetal de ômega-3, importante para a saúde do sistema nervoso e do coração.

Torta-musse de goiaba

Rendimento
1 torta média

Tempo
4 horas de molho +
20 minutos de preparo

Dificuldade
média

V VG GF*

* para ficar GF, utilize aveia sem glúten

Ingredientes

Massa

- 2 copos de aveia batida no liquidificador
- 2 colheres (sopa) de óleo de coco
- 2 colheres (sopa) de azeite de oliva extravirgem
- 4 colheres (sopa) de melado de cana
- 1 colher (sobremesa) de semente de chia triturada

Recheio

- 1 copo de castanha-de-caju crua (deixada de molho por, no mínimo, 4 horas)
- 4 colheres (sopa) de melado de cana
- suco de 1 limão
- 2 goiabas vermelhas lavadas e cortadas com a casca

Modo de preparo

Massa

Preaqueça o forno à 180°C. Misture todos os ingredientes da massa e espalhe numa fôrma refratária com borda. Leve ao forno por 10 minutos ou até as bordas ficarem douradas. Deixe esfriar.

Recheio

Coloque todos os ingredientes do recheio no liquidificador e bata até formar um creme bem homogêneo (3-5 minutos). Distribua o creme sobre a massa já assada e leve ao freezer por 3 horas. Depois, transfira para a geladeira.

Eu adoro goiabas, gosto mais ainda de seu perfume! Fiz essa musse de goiaba assim que voltei a morar no Rio, depois de oito anos em Nova York. Um dia, estava na feira e fui atraída, quase que abduzida, pelo aroma das goiabas e resolvi levá-las para casa. Elas estavam vermelhinhas e bem maduras, perfeitas para uma sobremesa. Então, resolvi fazer uma torta-musse. Quando terminei de preparar o creme, experimentei e achei que tinha sabor de maracujá. Devido à alquimia da cozinha, me dei conta de que a mistura da goiaba com o azedinho do limão lembrava o maracujá. A goiaba e o limão são ricos em vitamina C.

Gelatina de melancia com creme de banana

Rendimento
12-16 porções

Tempo
4 horas de molho + 30 minutos de preparo

Dificuldade
média

V VG GF

Ingredientes

Gelatina de melancia

- ¼ de melancia
- 2 colheres (chá) de ágar-ágar
- 1 pau de canela

Creme de banana

- ⅓ de copo de castanha-de-caju crua
- 3 bananas
- 1 colher (chá) de canela em pó
- 1 colher (chá) de cravo em pó
- suco de ½ limão

Modo de preparo

Gelatina de melancia

Bata a melancia no liquidificador sem adicionar água. Coloque numa panela e adicione o ágar-ágar e a canela em pau. Aqueça em fogo alto e mexa bem, até que todo o ágar-ágar esteja dissolvido e o suco comece a ferver. Reduza o fogo e cozinhe por 2 minutos. Coloque em forminhas e espere esfriar para levar à geladeira.

Creme de banana

Deixe a castanha de molho por 4 horas. Preaqueça o forno a 180°C. Corte as bananas em rodelas e coloque num tabuleiro untado com óleo de coco. Polvilhe a banana com a canela e cubra com papel-alumínio. Asse no forno por 10 minutos, tire o papel-alumínio e asse por mais 10 minutos. Leve a banana, o cravo e a castanha ao liquidificador com o suco de limão e bata até ficar cremoso. Se for preciso, adicione um pouco de água. Sirva o creme de banana com a gelatina de melancia.

Dica

É fácil encontrar o ágar-ágar em lojas de produtos naturais ou japoneses.

Sempre gostei muito de gelatina, mas depois que comecei a estudar sobre comida e nutrição natural, percebi que aquelas gelatinas coloridas de pacotinhos são cheias de corantes, conservantes, aromatizantes, açúcar e sal. E, no final das contas, de fruta não tem nada. Anos se passaram e aprendi a usar o ágar-ágar, gelatina derivada de algas marinhas. É conhecido por ajudar na perda de peso, pois suas fibras absorvem e retêm água, provocando sensação de saciedade. Tem zero caloria e baixo teor de sódio, contém muitos minerais e ajuda na eliminação de toxinas do organismo.

Brownie de grão-de-bico e cacau

Rendimento
8 unidades

Tempo
8 horas de molho +
40 minutos de preparo

Dificuldade
média

V GF

Ingredientes

- 2 ovos orgânicos
- ½ copo de cacau em pó
- 1 colher (sopa) de óleo de coco
- 1 copo de grão-de-bico deixado de molho por 8 horas bem cozido e escorrido
- ¼ de copo de açúcar mascavo
- ¼ de copo de melado de cana

Modo de preparo

Deixe o grão-de-bico de molho por 8 horas. Preaqueça o forno a 180°C e unte a fôrma com óleo e cacau em pó. Quebre os ovos um por um e retire a película transparente para eliminar o cheiro e suavizar o sabor dos ovos. Coloque todos os ingredientes no processador de alimentos e bata até formar uma mistura bem homogênea. Coloque na fôrma untada e leve ao forno por 20 minutos.

Dica

Se em vez de levar a mistura de ingredientes ao forno você colocá-la em tigelinhas na geladeira, terá uma excelente musse de chocolate. Com vitaminas, minerais e proteínas extras.

Que coisa boa é brownie, mas como normalmente leva muito açúcar, manteiga, leite e farinha, fica com poucos nutrientes. Para manter a gostosura e deixá-lo mais leve e nutritivo, troco o açúcar refinado pelo mascavo e a farinha pelo grão-de-bico.

Bela

COZINHA

#EunolivroBelaCozinha

organico22

thalitadalla

nutfun_

goriahuk

armandopugliesi

alleza11

carolinastella

juliaback

elainedacostaborges

marymarinhojp

cozinhe_com_amor

amabilekolenda

graziellagarcia

impegnare

albaapen

goriahuk

deliciasaudavel

jessicacamilarodrigues

cozinhadanise

cafezinhocomanica

maisacarolina

fe.delia

emagreceabestada

naneregalle

danipbio

lanacs

projetohealthycouple

teiajawez

irmaosnacozinha

cozinhadanise

milinhacordeiro21

cristiano_paivabh

elainedacostaborges

goriahuk

cozinhadanise

luciannas4

goriahuk

emagreceabestada

zamialima

jessicacamilarodrigues

gnt

Diretor:
Daniela Mignani

Gerente de marketing:
Mariana Novaes

Coordenador de marketing:
Priscila Moherdaui

Assistente de marketing:
José Gil Moreira

Texto fixado conforme as regras do Novo Acordo Ortográfico da Língua Portuguesa
(Decreto Legislativo nº 54, de 1995)

Editora responsável: Aida Veiga
Editoras assistentes: Elisa Martins e Juliana de Araujo Rodrigues
Preparação de texto: Ana Tereza Clemente
Revisão: Clim Editorial e Maria A. Medeiros
Capa, projeto gráfico e diagramação: Marco Gomes
Foto de capa e miolo: Adriana Lorete
Assistente de produção fotográfica: Nina Carnaval
Equipe Bela: JP Demasi e Erika Morais
Assistentes de cozinha: Karine Carvalho e Odete Gomes

1ª edição, 2014
16ª reimpressão, 2018

CIP-BRASIL. CATALOGAÇÃO NA PUBLICAÇÃO
SINDICATO NACIONAL DOS EDITORES DE LIVROS, RJ

G392r

Gil, Bela
Bela Cozinha - As receitas / Bela Gil. - 1. ed. - São Paulo : Globo Estilo, 2014. 176 p. : il. ; 25 cm.

ISBN 978-85-250-5803-4

1. Culinária brasileira 2. Hábitos alimentares. I. Título.

14-16381 CDD: 641.5981 CDU: 641.568(81)

Editora Globo S. A.
Rua Marquês de Pombal, 25 – Centro
20.230-240 – Rio de Janeiro – RJ
www.globolivros.com.br

Este livro, composto nas fontes Agenda e Bilbo,
foi impresso em papel couchê fosco 150g/m², na gráfica Santa Marta.
São Bernardo do Campo, julho de 2018.